세상에 하나뿐인
_____에게
세상에 하나뿐인
이 책을 드립니다!

일러두기

1. 이 책의 맞춤법은 표준국어대사전을 따랐으며, 번역은 오늘날에 쓰이는 쉬운 우리 말 위주로 풀어썼습니다.
2. 이 책은 아르투어 쇼펜하우어(Arthur Schopenhauer)의 《여록과 보유(Parerga und Paralipomena)》에서 한국인이 가장 좋아하는 문장들만 선별해 소개했습니다. 또 책의 전체 내용이 기승전결로 이어지도록 구성했습니다.
3. 이 책에 실린 문장들의 필사를 마치면, 세상에 하나뿐인 나만의 손글씨로 쓴 필사본을 소장할 수도 있고, 사랑하는 가족과 연인, 지인에게 선물할 수도 있습니다.

명저필사 1

하루 한 장
내 삶에 새기는
쇼펜하우어

《여록과 보유》 따라 쓰기

Arthur Schopenhauer
Parerga und Paralipomena

아르투어 쇼펜하우어 지음

일상이상

머리말

세상에 하나뿐인
나만의 필사본을 완성하기 전에

필사가 왜 유용할까요?

 기억하실지 모르겠지만 초등학교에 입학하면 누구나 받아쓰기를 했습니다. 처음에는 선생님이 불러주는 단어를 받아 적었고, 나중에는 제법 긴 문장까지 받아쓰기했습니다. 학교에서는 왜 받아쓰기를 시켰을까요? 바로 올바른 단어와 문장을 오래도록 기억하고, 어휘력과 문장력을 기르기 위해서입니다.
 정확하고 좋은 문장을 쓰기 위해서는 글이나 책을 읽는 것도 중요하지만 여러 번 써 봐야 합니다. 읽기에만 그친다면 시간이 지나서 글이나 책의 내용이 하나둘 기억에서 사라집니다. 반면에 읽은 문장을 받아 적으면 세월이 흘러도 그 내용이 오래도록 기억되고, 문장에 담긴 뜻을 보다 깊이 이해할 수도 있습니다. 그래서일까요? 얼마 전부터 책을 읽는 데 그치지 않고 필사까지 하는 분들이 크게 늘고 있습니다.

사실 필사는 글을 잘 쓰기로 유명한 작가들도 습작기에 필수적으로 합니다. 좋은 글을 눈으로 읽는 데만 그치지 않고 필사까지 하면 자연스레 문장력이 향상되기 때문입니다. 실제로 작가지망생이나 문예창작과 학생들은 시나 소설 등 좋은 문학작품을 필사하고 문장력을 기르기도 합니다.
　굳이 시인이나 작가가 되려 하지 않더라도 필사를 하게 되면 여러 가지 장점이 있습니다.

　첫째, 언어 능력이 향상됩니다. 필사를 하면 어휘력이 좋아지고, 문법에 맞는 정확한 문장을 사용하게 됩니다. 당연히 문장력도 좋아집니다.
　둘째, 눈으로 읽는 것보다 기억에 오래 남습니다. 우리의 뇌는 듣는 것보다 보는 것을 더 오래 기억하고, 보는 것보다 쓰는 것을 더 오래 기억합니다. 눈으로 읽은 문장을 손으로 쓰다 보면 훨씬 오래 기억에 남게 됩니다.
　셋째, 집중력이 향상됩니다. 학창시절에 영어단어를 외울 때 여러 번 노트 등에 쓰다 보면 단어 암기가 잘되었죠? 눈으로 읽기만 하는 것보다 단어 암기도 보다 빨리 되었을 겁니다. 손으로 글을 쓰는 행위는 자연스레 집중력이 요구되므로, 필사를 하면 집중력을 키울 수 있습니다.
　넷째, 창의적인 문장을 쓸 수 있습니다. 시와 소설 등 문학작

품뿐 아니라 철학과 역사 등 좋은 책에는 저자 나름의 향기가 납니다. 다양한 스타일의 문장을 읽고 필사하다 보면 자기만의 개성 넘치는 문장을 쓸 수도 있습니다.

다섯째, 심리적인 안정을 도모할 수 있습니다. 한 글자 한 글자 손으로 쓰는 행위를 하다 보면 일상의 근심과 걱정이 자연스레 사라지고, 또박또박 예쁜 글씨로 완성된 필사본과 만나게 되면, 성취감 또한 생겨날 겁니다.

이 책은 아르투어 쇼펜하우어(Arthur Schopenhauer)의 《여록과 보유(Parerga und Paralipomena)》에서 한국인이 가장 좋아하는 문장들만 선별해 소개했습니다. 또 책의 전체 내용이 기승전결로 이어지도록 구성했습니다. 이 책에 실린 문장들의 필사를 마치면 《여록과 보유(Parerga und Paralipomena)》의 주옥같은 문장들과 핵심 내용을 오래도록 기억할 수 있을 겁니다.

자, 그럼 우리가 필사하려는 책의 저자인 쇼펜하우어가 어떤 삶을 살았고, 그의 철학과 사상은 어떠한지, 《여록과 보유(Parerga und Paralipomena)》는 어떤 책인지 살펴볼까요?

쇼펜하우어의 삶

1788년 2월 22일, 유럽의 항구 도시인 단치히에서 상인이었던 아버지 하인리히 플로리스 쇼펜하우어와 소설가인 어머니 요한나 쇼펜하우어 사이에서 장남으로 태어났습니다. 1793년(5세), 단치히가 프로이센에 합병되자 가족이 함부르크로 이주했습니다.

1797년(9세), 여동생 아델레가 태어났고, 아버지가 프랑스 르아브르에 있는 친구 집에 쇼펜하우어를 맡겨서 그 집에서 2년간 지내며 프랑스어를 익혔습니다. 1799년(11세), 프랑스에서 돌아와 상인 양성기관인 룽게 박사의 사립학교에 입학했고 이곳에서 4년간 공부했습니다. 1803년(15세), 상인이 되라는 아버지의 권유로 가족과 함께 유럽 여행을 했습니다. 런던에 도착하여 랭카스터 신부의 집에서 머물며 영어를 익혔습니다.

1804년(16세), 프랑스를 여행했으며 스위스, 빈, 드레스덴, 베를린을 거쳐 돌아왔습니다. 쇼펜하우어는 여행 도중에 사색하며 많은 일기를 썼는데, 진지한 고민의 흔적들을 일기에 남겼습니다. 단치히에서 상인 실습을 시작했으나 상인 수업에는 관심이 없었고, 아버지의 서재에 드나들며 문학, 수학, 역사 등을 독학했습니다.

1805년(17세), 아버지가 창고 통풍창에서 떨어져 사망했습니다. 1806년(18세), 가족이 바이마르로 이주했는데, 쇼펜하우어만 함부르크에 남아서 상인 실습을 계속했습니다. 1807년(19세), 어머니의 권유로 상인 실습을 중단한 후에 고타에 있는 김나지움에 입학했습니다. 라틴어와 그리스어를 열심히 공부했습니다. 고전어를 가르친 교사들은 쇼펜하우어가 훗날 뛰어난 고전학자가 될 것이라고 칭찬했습니다. 하지만 쇼펜하우어는 1년도 채 안 되어 김나지움을 자퇴했습니다.

1809년(21세), 괴팅겐대학교 의학부에 입학했습니다. 한 학기 동안 의학을 공부했지만 철학에 더 관심을 가졌습니다. 대학에서 화학, 물리학, 천문학, 수학, 언어학, 법학, 역사 등 여러 강의를 수강했습니다. 집에 돌아와서도 사색하며 꼼꼼히 공부하기도 했습니다. 쇼펜하우어는 학교 교수들의 강의보다는 이미 세상을 떠난 과거의 위인들이 남긴 작품들에 더 매력을 느꼈습니다.

1810년(22세), 철학자인 고틀로프 에른스트 슐체(Gottlob Ernst Schulze)의 강의를 들었습니다. 슐체에게 플라톤과 칸트를 깊이 연구해 보라는 조언을 들었습니다. 1811년(23세), 어머니가 당시 독일 문학계의 거장인 크리스토프 빌란트에게 쇼펜하우어가 철학을 공부하지 못하도록 설득해 달라고 부탁했습니다. 당시 78세인 빌란트는 23세의 쇼펜하우어와 만나서 설득은커녕 쇼펜하우어의 태도에 감명받아 자상한 조언과 격려를 해주었습니다. 결국 쇼펜하우어는 철학을 제대로 공부하기로 결심했습니다. 그해 가을에 베를린대학교(지금의 베를린훔볼트대학교)로 전학했습니다. 베를린대학교에서는 동물학, 지리학, 천문학, 생리학, 시학, 어류학, 식물학, 조류학 등 여러 강의를 들었고, 당대의 유명 학자

였던 셸링, 피히테의 사상을 공부했으나 회의를 품고 이들을 혐오하게 되었습니다. 반면에 고전학자 프리드리히 아우구스트 볼프의 고대 그리스 역사와 철학 강의에 만족했습니다.

1812년(24세), 플라톤, 임마누엘 칸트 등 여러 사상가를 본격적으로 탐구했습니다. 베이컨, 존 로크, 데이비드 흄 등의 영국 사상가도 깊이 연구했습니다. 1813년(25세), 오스트리아, 프로이센, 러시아 연합군과 프랑스 나폴레옹 군대 사이에 전쟁이 발발했습니다. 쇼펜하우어는 베를린을 떠나서 루돌슈타트에서 학위 논문인 〈충족 이유율의 네 겹의 뿌리에 관하여〉를 완성했습니다. 이 책은 쇼펜하우어 사상의 기초가 되는 책입니다. 이 논문을 예나의 튀링겐 주립대학교에 제출하여 철학 박사학위를 받았습니다. 요한 볼프강 폰 괴테에게 자신의 박사학위 논문을 증정했습니다. 괴테는 이 논문을 본 뒤 쇼펜하우어의 지지자가 되었습니다. 수개월 동안 괴테와 교제하며 색채론에 관해서 연구하며 토론했고, 괴테는 연구에 필요한 지원을 많이 해주었습니다.

1814년(26세), 바이마르의 공공도서관에서 《우파니샤드》의 라틴어 번역본 《우프네카트》를 읽고 탐구했습니다. 1816년(28세), 괴테와 색채론에 관해 교류하여 얻은 결실인 〈시각과 색채에 관하여〉를 발표했습니다. 이 논문에서 쇼펜하우어는 자신의 실험을 토대로 뉴턴의 색채론과 괴테의 색채론을 비판하기도 했습니다. 괴테는 비판받은 것이 약간 언짢았지만 베를린의 친구 슐츠에게 오히려 쇼펜하우어를 칭찬했습니다.

1818년(30세), 대표작 《의지와 표상으로서의 세계》를 완성했습니다. 하지만 1년 동안 100권밖에 팔리지 않자 자신의 책을 몰라보고 무시하는 동시대 교수들에게 불만을 느꼈습니다. 1820년(32세), 베를린대학교에서 강의를 시작했습니다. 당시 50살이었던 노련한 헤겔이 쇼펜하우어와 강의 중에 약간 논쟁을 벌였습니다. 이후 쇼펜하우어는 자신의 저서를 통해 헤겔, 피히테 등 학자들에게 불만을 표출했습니다.

1822년(34세), 이탈리아 여행을 했습니다. 이탈리아의 문화, 예술, 환경을 경험하고 이에 대해서 기록했습니다. 1823년(35세), 여행을 마치고 독일로 돌아왔습니다. 여러 질병과 청각장애를 겪었는데, 이때 가장 힘든 시기를 보냈습니다.

1825년(37세), 베를린으로 돌아와 우울한 나날을 보내면서 스페인어를 열심히 공부했습니다. 번역가로서 스페인어책을 번역했습니다. 1831년(43세), 콜레라가 베를린에 퍼지자, 베를린을 떠나서 프랑크푸르트로 이주하여 여생을 보냈습니다. 1836년(48세), 자연과학이 증명해낸 것과 자신의 학설이 일치한다는 생각을 반영한 《자연에서의 의지에 관하여》를 출판했습니다.

1839년(51세), 노르웨이 왕립 학술원의 논문 모집에 〈인간의지의 자유에 관하여〉를 응모해 수상했습니다. 1841년(53세), 〈인간의지의 자유에 관하여〉와 〈도덕의 기초에 관하여〉 등 두 논문을 묶어서 《윤리학의 두 가지 근본문제》를 출판했습니다. 1845년(57세), 《여록과 보유(Parerga und Paralipomena)》를 쓰기 시작했습니다. 1851년(63세), 《의지와 표상으로서의 세계》의 부록이라 할 수 있는 《여록과 보유(Parerga und Paralipomena)》를 출간했습니다. 출판사의 비관적인 예상과 달리 이 책은 쇼펜하우어의 책들 중에서 가장 인기를 끌었습니다.

1857년(69세), 쇼펜하우어에 대한 강의가 본대학교와 브레슬라우대학교에 개설되었습니다. 쇼펜하우어의 몇몇 책이 영국, 프랑스에서 번역되었습니다. 1860년(72세) 9월 21일 아침, 폐렴에 시달리다 프랑크푸르트 자택에서 사망했습니다.

쇼펜하우어의 철학과 사상

쇼펜하우어의 철학은 절망에서 태어났습니다. 그러나 그가 우리에게 들려주는 절망은 파멸로 이끄는 절망이 아닙니다. 절망을 통해 새로운 가치가 태어나는 위대한 절망입니다. 그래서 쇼펜하우어의 절망은 희망을 모색하는 절망이기도 합니다.

쇼펜하우어는 삶은 고통이며, 이 고통의 원인은 우리에게 존재하는 욕망 때문이라고 보았습니다. 그는 삶의 어두운 면을 철저하게 폭로하면서 세상과 인생에 대해 가장 현실적인 통찰을 모색했습니다. 뿐만 아니라 우리를 고통에서 벗어나게 해줄 수 있는 방법도 탐구했습니다.

이러한 쇼펜하우어 철학의 근본 사상은 칸트의 인식론과 플라톤의 이데아론, 베다의 범신론과 염세주의를 하나로 결합한 것입니다. 그는 살고자 하는 의지를 근본 사상으로 삼았으며, 투쟁과 고통으로 가득 차 있는 세상에서 플라톤의 이데아를 체득함으로써 일시적인 해탈을 할 수 있고, 본질적인 해탈은 오직 살고자 하는 의지를 부정하는 열반(Nirvana)으로 얻을 수 있다고 주장했습니다.

쇼펜하우어는 인간 존재가 이성과 합리적인 판단 능력을 갖고 질서정연한 삶을 살아간다는 기존 철학의 주장을 정면으로 거부하고, 인간을 움직이는 실질적인 동력은 삶을 보존하려는 맹목적이고도 무의식적인 '의지'라고 주장했습니다. 쇼펜하우어에 따르면, 이성은 두뇌 현상일 뿐이고 의지의 제약을 받는 부산물에 불과합니다. 따라서 세계의 본질을 파악하기 위해서는 이성이 아닌 의지를 탐구해야 합니다. 의지는 사물들을 통해 다양하게 객관화되는데, 이렇게 의지가 객관화된 세계가 바로 표상의 세계입니다. 지성으로 파악하는 세계는 표상의 세계에 불과합니다. 이러한 표상의 세계가 지닌 한계를 올바르게 인식할 때 본래의 세계, 즉 의지의 세계를 경험할 수 있는 토대를 발견할 수 있습니다.

쇼펜하우어가 가장 중요시하는 의지의 세계는 살아 있는 자연의 세계입니다. 생물이 태어나고 자라며 번식하는 생명 현상의 본질을 그는 의지로 파악했습니다. 그에게 생식 행위란 삶에 대한 의지를 가장 단적으로 표현한 것입니다. 인간은 이러한 자연의 의지를 자신의 자연이라 할 수 있는 '몸'으로 직접 경험하고, 여기서 온갖 충동과 본능, 욕망을 갖게 됩니다.

이러한 자연의 의지를 자각하는 인간은 자신을 위해 모든 것을 욕구하게 됩니다. 결국 인간의 삶은 끊임없는 욕구로 관철되기 때문에 고통으로 가득할 수밖에 없습니다. 따라서 인간은 욕구를 일으키는 의지를 부정하고 초연한 삶을 살아야 고통에서 벗어날 수 있습니다. 이것이 쇼펜하우어가 주장하는 '인생론'입니다.

쇼펜하우어의 이러한 사상은 철학의 주류보다는 비주류에 속한 사람들에게 영향을 많이 끼쳤습니다. 쇼펜하우어의 사상은 문학이나 오페라의 소재가 되어 자주 등장했으며, 프랑스의 마르셀 프루스트나 앙드레 지드, 독일의 토마스 만 등에게 큰 영향을 끼쳤습니다. 프리드리히 니체는 쇼펜하우어가 윤리와 예술의 심층적인 문제를 다루는 진정한 철학자라고 평가했으며, 솔직하게 표현한 보기 드문 사상가이며 멋진 글쓰기의 전형을 보여준다고 칭찬했습니다. 분석심리학의 창시자 카를 융은 자신의 자서전에서 쇼펜하우어에 대해 이렇게 평가했습니다.

"헤겔은 마치 자신의 언어구조 속에 갇혀 그 감옥에서 거드름을 피우는 몸짓으로 돌아다니고 있는 사람처럼 보였다. 쇼펜하우어는 눈에 보이도록 여실히 우리를 둘러싸고 있는 고통과 고난에 대해서 처음으로 이야기한 사람이었다."

쇼펜하우어의 영향을 가장 크게 받은 분야는 문학계입니다. 러시아의 소설가인 톨스토이, 이반 투르게네프, 도스토옙스키, 프랑스의 작가 마르셀 프루스트, 에밀 졸라 그리고 독일 작가 토마스 만, 헤르만 헤세, 프란츠 카프카, 영미권 작가인 토마스 하디 등은 자신들의 창작에 쇼펜하우어의 사상이 큰 도움이 되었다고 말했습니다. 헤르만 헤세의 작품은 불교적 색채가 강한데, 이는 쇼펜하우어의 사상이 반영된 것이기도 합니다. 노벨문학상을 받은 프랑스의 앙드레 지드는 자서전에서 이런 말을 남겼습니다.

"나는 쇼펜하우어에게 위로를 받았다. 표현할 수 없는 기분으로 《의지와 표상으로서의 세계》를 자세히 읽어나갔고 자주 읽었다. 다른 모든 것들이 나의 주의를 뺏지 못할 정도로 집중해서 읽었다. 내가 철학에 빠진 계기는 쇼펜하우어 덕분이며 오로지 쇼펜하우어 덕분이었다."

프리드리히 니체는 자신이 철학자가 된 계기는 쇼펜하우어 때문이라고 말했습니다. 니체는 《비극의 탄생》에서 다음과 같이 쇼펜하우어를 평가했습니다.

"오늘날 문화가 이토록 천박해지고 황폐해지는 시대 속에서 우리는 기운찬 줄기와 가지를 내뻗을 수 있는 생명력을 지닌 뿌리 하나라도, 비옥하고 건강한 토양 한 줌이라도 찾으려고 헛되이 애쓴다. 그러나 도처에는 먼지와 모래뿐이니 모든 것은 마비되고 탈진해서 죽어간다. 이런 상태에서 마음 한 자락 둘 데 없이 고독한 인간이 선택할 수 있는 최선의 자기상징은 뒤러가 그려서 우리에게 보여주는 '죽음과 악마와 동행하는 무장 기사'이다. 무쇠처럼 굳센 눈빛과 철갑옷으로 무장한 이 기사는 자신의 끔찍한 동행자들도 아랑곳하지 않고 어떤 희망도 품지 않으면서 자신의 말을 타고, 자신을 따르는 개와 함께 험난한 길을 혼자서 고독하게 걸을 줄 안다. 뒤러가 묘사한 이 기사가 바로 우리의 쇼펜하우어와 같다. 그는 모든 희망을 잃고도 진리를 추구했다."

《여록과 보유(Parerga und Paralipomena)》는 어떤 책?

쇼펜하우어가 살아 있을 당시에는 그에게 '염세주의자, 허무

주의자, 비관주의자'라는 부정적인 꼬리표가 붙었지만 사실 그는 누구보다 인생을 사랑했고 인간을 사랑했던 철학자였습니다. 그는 이 세상은 고통과 불행으로 가득하며, 인간의 행복은 그 고통과 불행을 얼마나 줄이느냐에 달려 있지, 행복으로 충만한 세계는 현실이 아닌 상상 속에서나 가능하다고 주장했습니다. 이 세상이 결코 아름답지 않고, 인간이 결코 합리적이지 않다는 것을 인정하고 인간과 세상을 바라보아야 비로소 답을 구할 수 있다고 말했습니다.

《여록과 보유(Parerga und Paralipomena)》는 쇼펜하우어가 첫 저서인 《의지와 표상으로서의 세계》에 미처 담아내지 못한 글들을 모아서 출간한 책입니다. 쇼펜하우어는 이 책으로 엄청난 호평과 대중적인 인기를 얻었습니다. 《의지와 표상으로서의 세계》는 내용이 너무 어려워 1년 동안 100권밖에 팔리지 않았지만 이 책은 쉽게 이해할 수 있어서, 유럽을 넘어 세상 사람들에게 알려져 세계적으로 명성을 얻었습니다.

그럼에도 불구하고 이 책은 오늘날의 우리가 읽기에는 어려운 대목이 많습니다. 쇼펜하우어의 철학과 사상을 제대로 이해하는 것이 그리 쉽지는 않으니, 이 책의 완역본을 모두 읽는 것은 결코 만만치 않습니다. 《의지와 표상으로서의 세계》에 비해 대중적으로 쓰여지긴 했지만 철학책은 철학책인지라 잘 안 읽히고 완독이 쉽지 않습니다. 또 신화 속 주인공들이나 역사적 인물들이 종종 등장하는데, 이들 인물에 대한 사전지식이 없다면 다소 이해하기 어려울 것입니다.

  그래서 이 책은 오늘날에 쓰이는 쉬운 우리 말 위주로 풀어썼고, 《여록과 보유(Parerga und Paralipomena)》에서 핵심적인 문장들만 선별해 소개했습니다. 또 책의 전체 내용이 기승전결로 이어지도록 구성했습니다. 이 책에 소개된 촌철살인 문장들만 읽어도 한 권의 책을 읽는 것과 같은 감동을 누릴 수 있을 것입니다.

차례

머리말
세상에 하나뿐인 나만의 필사본을 완성하기 전에   4

1. 완벽하게 만족스러운 현실은 없다   20
2. 무의미한 현재일지라도 의미 있는 과거보다 낫다   22
3. 우리는 왜 쫓기며 살까?   24
4. 인생은 멀리 떨어져서 바라봐야 아름답다   26
5. 인생은 비극이면서 희극이다   28
6. 어느 정도의 걱정과 불안은 필요하다   30
7. 여성은 있는 그대로 본다   32
8. 같은 것을 바라봐도 왜 다르게 보일까?   34
9. 행복은 부와 비례하지 않는다   36
10. 명랑한 사람이 행복하다   38
11. 명랑한 사람은 한 가지만 성공해도 기뻐한다   40
12. 정신이 부유해야 행복하다   42
13. 혼자 힘으로 사는 사람이 가장 행복하다   44
14. 가난한 사람은 왜 가난에서 못 벗어날까?   46
15. 우리는 다른 사람을 소유할 수 없다   48
16. 남에게 잘 보이려고 애쓰지 마라   50
17. 자부심의 최대 장애물은 허영심이다   52
18. 추억이 적으면 인생은 짧다   54
19. 사소한 것에 목숨 걸지 마라   56
20. 삶은 극복하는 것이다   58
21. 불행을 피하려면 행복을 바라지 마라   60

Arthur Schopenhauer
Parerga und Paralipomena

22.	욕망이라는 땅 위에 행복이라는 건물을 세우지 말라	62
23.	현재와 미래 중 어느 한쪽에 치우치지 말라	64
24.	경험은 삶의 본문이고, 회상과 반성은 경험에 대한 주석이다	66
25.	잠들기 전에 그날의 일을 반성하라	68
26.	자기 자신에게 만족하는 사람이 행복하다	70
27.	고독을 사랑하는 법을 배워라	72
28.	신중함과 너그러움을 지녀라	74
29.	더불어 살려면 상대의 개성을 존중하라	76
30.	상대의 진심을 알고 싶다면	78
31.	사기를 당해도 얻는 것이 있다	80
32.	지나치게 기뻐하거나 슬퍼하지 말라	82
33.	비밀을 고백하면 비밀의 노예가 된다	84
34.	운명과 맞서려면 마음을 단단히 무장하라	86
35.	두려움이 엄습해도 낙심하지 말라	88
36.	심한 괴로움은 말로 설명할 수 없다	90
37.	어둠 속에서도 빛을 봐라	92
38.	세상은 보는 만큼 보인다	94
39.	위대한 사람은 자신의 단점에 개의치 않는다	96
40.	상대의 장점과 단점을 함부로 판단하지 말라	98
41.	사람들 사이에는 적당한 간격이 필요하다	100

1.
완벽하게 만족스러운 현실은 없다

우리가 존재하는 현재는
한 번도 우리를 만족시킨 적이 없다.
우리의 욕망을 완벽히 채워주는 현실,
즉 우리의 의지를 완벽히 만족시키는 현실은
절대로 발견할 수 없다.

2.
무의미한 현재일지라도
의미 있는 과거보다 낫다

과거에 존재했던 것은 현재 존재하지 않는다.
과거에 존재하지 않았던 것이 현재 존재하지
않는 것과 같은 이치다.
그러므로 아무리 무의미한 현재일지라도
가장 의미 있는 과거보다 낫다.

# 3.
우리는 왜 쫓기며 살까?

우리의 존재는 경사진 비탈길을 달려 내려가는
사람과 매우 닮았다. 만일 도중에 멈추려 한다면
곤두박질칠 것이므로 계속 달려 내려갈 수밖에 없다.
또한 우리는 손가락 끝에서 균형을 잃지 않으려는
막대기와 닮았고, 운행을 멈추면 이내
태양 속으로 떨어져 버리는 유성과도 닮았다.

4.
인생은 멀리 떨어져서 바라봐야 아름답다

우리 인생의 장면들을 가까이에서 바라보면
아무런 인상도 주지 못하는 거친 모자이크 그림처럼
보인다. 그래서 그것들이 아름답다는 것을
깨달으려면 멀리 떨어져서 바라봐야 한다.

5.
인생은 비극이면서 희극이다

인생은 전체적으로 보면 비극이고,
부분적으로 보면 희극이다. 인간이 날마다 지니는
욕망과 두려움은 그날그날 생활에 나타나기는 하지만
대부분은 순간적으로 일어나는 뜻밖의 사건이며,
그 순간마다 나타나는 걱정과 괴로움일 뿐이니,
이것들은 모두 희극의 한 장면 같지 않은가.

6.
어느 정도의 걱정과 불안은 필요하다

인간의 삶에서 궁핍, 고난, 재앙, 좌절 등의
압력이 제거되면 인간은 곧바로 파열되지 않을지는
몰라도 오만함이 부풀어 올라 어리석은 행동이나
심지어 광기까지 부릴 것이다.
배가 순조롭게 항해하기 위해서는 반드시
밸러스트가 필요하듯이 인간에게는 항상 어느 정도의
걱정, 불안, 고통, 고뇌 등이 필요하다.

7.
여성은 있는 그대로 본다

여성은 남성과 비교할 수 없을 정도로 실제적이다.
남성들은 곧잘 흥분하여 사물을 실제보다 과장해서
보거나 상상에 빠지지만 여성들은 사물을
있는 그대로 바라본다. 여성이 남성보다
동정심이 강하고 불행한 사람에게
사랑과 연민을 느끼는 것은 이 때문이다.

8.
같은 것을 바라봐도 왜 다르게 보일까?

같은 것을 바라봐도
우울한 사람에게는 비극적으로 보일 것이고,
낙천적인 사람에게는 흥미롭게 보일 것이며,
냉소적인 사람에게는 무미건조하게 보일 것이다.

9.
행복은 부와 비례하지 않는다

무대 위에서 어떤 사람은 왕이 되기도 하고,
어떤 사람은 고문관이 되기도 하며,
어떤 사람은 하인과 병사, 장군이 되기도 한다.
이들은 겉모습만 다를 뿐 속으로는 모두
고통과 괴로움을 지닌 가련한 희극 배우다.
인생도 마찬가지다.
지위와 부에 따라 제각각 다른 배역을 맡지만
행복은 그 배역에 비례하지 않는다.

10.
명랑한 사람이 행복하다

젊고 미남이며 부유하고 다른 사람들에게
존경받는 인간을 생각해 보자.
이 남자가 행복한지 아닌지를 판단하려면
그가 명랑한 사람인지 그렇지 않은 사람인지를
판단해야 한다.

11.
명랑한 사람은 한 가지만 성공해도 기뻐한다

우울한 사람은 열 가지 중 아홉 가지나 성공해도 아홉의 성공을 기뻐하지 않고 하나의 실패에 화를 낸다. 명랑한 사람은 열 가지 중 한 가지만 성공하고 아홉 가지를 실패해도 하나의 성공으로 마음을 달래서 기뻐한다.

12.
정신이 부유해야 행복하다

불행에 빠지지 않으려면
정신의 부를 이루는 것만큼 안전한 것은 없다.
정신이 부유한 사람일수록
권태를 느낄 여유가 없다.

13.
혼자 힘으로 사는 사람이 가장 행복하다

혼자의 힘으로 살아가는 사람이 가장 행복한 인간이다. 인간은 진정한 자기 자신으로 돌아가려 할수록 행복해진다.

14.
가난한 사람은 왜 가난에서 못 벗어날까?

부유한 집안에서 태어나 많은 재산을 물려받은 사람들은 부를 우리가 숨 쉬는 공기와 마찬가지로 삶의 필수적인 요소로 생각하기 때문에 자기의 생명만큼이나 부를 아끼고 지키며 근검절약에도 주의를 기울인다. 하지만 가난한 집안에서 태어난 사람은 가난한 생활에서 못 벗어나 손에 부가 굴러들어와도 돈 쓰는 재미에 빠져 재물을 허비하느라, 부가 자신에게서 달아나 버리는 줄도 모른다.

15.
우리는 다른 사람을 소유할 수 없다

나는 인간이 소유하는 것에 아내와 자식을
포함하지 않았다. 왜냐하면 우리가 그들을
소유하는 게 아니라 오히려 그들이 우리를 소유하고
있기 때문이다. 마찬가지로 우리가 친구를
소유하는 만큼 친구도 우리를 소유하고 있다.

16.
남에게 잘 보이려고 애쓰지 마라

사람들이 평생토록 온갖 위험과 어려움을 무릅쓰고
끊임없이 노력하는 이유는 대부분 다른 사람의 눈에
비치는 자신의 위치를 향상시키기 위해서이다.
다른 사람에게 조금이라도 더 존경받고자 아등바등
사는 것이야말로 인간이 얼마나 어리석은지를
증명해 주는 것이다.

17.
자부심의 최대 장애물은
허영심이다

자부심의 최대 장애물은 허영심이다.
자부심은 자신에 대한 좋은 평가를 전제 조건으로
삼고 있지만 허영심은 다른 사람의 호평을 얻은
다음에야 자신에 대한 좋은 평가를 내리기 때문이다.

18.
추억이 적으면 인생은 짧다

어째서 나이 들수록 이제까지 살아온 삶이 그렇게도
짧게 느껴지는 것일까? 그것은 추억이 적기 때문이다.
인생에서 하찮은 일이나 불쾌했던 일은 대부분 기억
속에서 사라지고 추억으로 남는 것은 매우 드물다.
지나간 일들을 잊어버리지 않으려면 지나간 일을
돌이켜 생각해야 한다.

19.
사소한 것에 목숨 걸지 말라

육체의 어느 한 부분에 통증을 느끼면 우리는 온몸이
멀쩡하더라도 통증이 있는 작은 부분의 고통에만
신경 쓴 나머지 삶의 즐거움을 잃어버린다.
마찬가지로 한 가지가 뜻대로 안 될 때 우리는
뜻대로 잘되고 있는 중요한 일들에 대해서는
생각하지 않고 뜻대로 안 되는 그 한 가지만
끊임없이 생각한다.

20.
삶은 극복하는 것이다

행복은 자신이 누렸던 향락에 의해서가 아니라
자신이 피했던 재앙에 의해 헤아려야 한다.
삶은 향락을 누리는 것이 아니라 극복하는 것이다.

21.
불행을 피하려면 행복을 바라지 말라

경험을 많이 쌓으면 행복과 쾌락은 멀리서는 보이지만 가까워지면 사라져버리는 신기루와 같다는 것을 알게 된다. 그렇게 되면 더 이상 행복과 쾌락을 추구하지 않고 오히려 고통과 고뇌가 다가오지 못하도록 온 노력을 기울이게 되며, 우리가 이 세상에서 얻을 수 있는 최고의 삶은 고통 없는 상태로 겨우 견딜 수 있는 정도의 삶임을 깨닫게 된다. 불행을 피하려면 행복을 바라지 말아야 한다.

22.
욕망이라는 땅 위에 행복이라는 건물을 세우지 말라

인간은 욕망이라는 넓은 땅 위에 행복이라는 건물을 세우려 해서는 안 된다. 그런 건물은 쉽게 무너지며 많은 재앙을 일으킨다. 자신의 욕망을 최대한 줄이는 것이 큰 불행에 빠지지 않는 가장 확실한 방법이다.

23.
현재와 미래 중 어느 한쪽에 치우치지 말라

지혜로운 삶을 살기 위해서는 현재와 미래 중 어느
한쪽이 다른 한쪽을 해치지 않도록 현재와 미래
양쪽에 적당한 주의를 기울여야 한다.
분별력이 없는 사람은 현재에만 치우쳐 사느라
소심하고, 걱정이 많은 사람은 미래에만
치우쳐 살아간다.

24.
경험은 삶의 본문이고, 회상과 반성은 경험에 대한 주석이다

평온한 마음을 기르기 위해서는 자신의 경험에서 여러 가지 교훈을 얻어야 하는데, 그러기 위해서는 지난 일을 회상하고 반성해야 한다.
왜냐하면 경험은 삶의 본문이고,
회상과 반성은 경험에 대한 주석이기 때문이다.

25.
잠들기 전에 그날의 일을 반성하라

회상과 반성만 풍부하고 경험이 적은 삶은 한 페이지에
본문은 두 줄뿐인데 주석이 사십 줄이나 되는 책과
같고, 반대로 회상과 반성은 거의 없고 경험만 있는
삶은 본문만 있고 주석이 없어 뜻을 헤아릴 수 없는
책과 같다. 잠자리에 들기 전에 그날의 일을
반성하라.

26.
자기 자신에게 만족하는 사람이 행복하다

자기 자신에게 만족하며 '나는 모든 것을 지니고 있다'고 말할 수 있다면 진정으로 행복한 사람이다. 우리는 '자기 자신에게 만족하는 사람만이 행복할 수 있다'는 아리스토텔레스의 말을 항상 명심해야 한다.

27.
고독을 사랑하는 법을 배워라

인간은 친구나 애인 등 누구와도 완전히 하나가 될 수 없으며, 오직 자기 자신과만 완전히 하나가 될 수 있다. 사람마다 개성과 성품이 달라서 하나가 될 수 없기 때문이다. 그러므로 젊은 시절부터 마음의 평화와 평정을 얻기 위해 고독을 사랑하는 법을 배워야 한다.

28.
신중함과 너그러움을 지녀라

세상을 살아가기 위해서는 신중함과 너그러움을 지녀야 한다. 신중함으로 여러 가지 손실과 손해를 피할 수 있고, 너그러움으로 다툼을 피할 수 있다.

29.
더불어 살려면 상대의 개성을 존중하라

사람들과 더불어 살아가기 위해서는 상대의 개성을 인정하며 존중해 주고, 그의 개성이 내 취향에 맞게 변하기를 기대하지 말아야 한다. 상대의 행위가 못마땅해서 화를 내는 것은 길을 가다가 굴러온 돌에게 화를 내는 것처럼 어리석은 짓이다.

30.
상대의 진심을 알고 싶다면

상대가 거짓말을 하고 있다고 생각되면 그 말을
믿는 척하라. 그러면 상대는 더욱더 거짓말을
열심히 하다가 결국에는 가면을 벗게 될 것이다.
반대로 상대가 숨기고 있던 진심을 일부 털어놓고
있는 것 같다면 그 말을 못 믿겠다는 듯 행동하라.
그러면 상대는 감추고 있던 모든 진심을
털어놓을 것이다.

31.
사기를 당해도 얻는 것이 있다

상대에게 사기를 당해 돈을 잃더라도 그 돈만큼 얻는 게 있다. 사기를 당해 잃은 돈으로 자신의 아둔함을 깨닫는 지혜를 얻을 수 있기 때문이다.

32.
지나치게 기뻐하거나 슬퍼하지 말라

우리는 어떠한 일에 대해서도 절대로 지나치게 기뻐하거나 슬퍼해서는 안 된다. 모든 것은 끊임없이 변화하므로 현재와 정반대의 상황이 언제든 벌어질 수 있기 때문이다. 실제로 과거에 슬퍼했던 일이 나중에 오히려 다행스러운 일이 되고 과거에 기뻐했던 일이 불행한 일이 되는 경우가 많다.

33.
비밀을 고백하면
비밀의 노예가 된다

옛날 사람들은 '침묵을 지키라'고 가르쳤다. 아라비아에는 '적에게 알려서는 안 될 것은 친구에게도 알리지 말라', '비밀을 고백하지 않으면 당신은 그 비밀의 주인이 되지만 비밀을 고백하면 당신은 그 비밀의 노예가 된다', '평화라는 열매는 침묵이라는 나무에 열린다'라는 격언이 있다.

34.
운명과 맞서려면 마음을 단단히 무장하라

운명이 지배하는 이 세상에서 우리는 운명과 맞서기
위해 항상 튼튼한 갑옷과 단단한 마음으로 무장해야
한다. 인생은 싸움이며, 한 걸음 나아가려 해도
칼을 빼 들어야 하기 때문이다. '이 세상에서
우리는 모든 일에 칼을 빼 들어야 하며,
칼을 손에 쥔 채 죽어가야 한다'는
볼테르의 말은 옳다.

35.
두려움이 엄습해도 낙심하지 말라

두려운 먹구름이 엄습하더라도 비관하거나 낙심하지 말자. 비관하고 낙심하는 것은 비겁한 사람이나 하는 짓이다. 우리는 '재앙에 굴복하지 말고 용감하게 맞서 싸우라'는 말을 생활신조로 삼아야 한다.

36.
심한 괴로움은 말로 설명할 수 없다

친밀한 사람이 죽을 때 느껴지는 심한 괴로움은 말로 설명할 수 없는 독특한 무언가가 있는데, 그것은 다시 회복할 수 없는 상실의 감정에서 생겨난다. 그것은 사랑하는 애완동물이 죽음을 당하는 경우에도 정확하게 느낄 수 있다.

37.
어둠 속에서도 빛을 봐라

갑작스러운 불행에 닥치더라도 우리의 희망은 여전히 불행에 저항한다. 우리의 눈이 저절로 어둠보다는 밝은 쪽을 향하듯이, 인간은 본능적으로 두려움보다는 희망 쪽을 향하고 있다.

38.
세상은 보는 만큼 보인다

인간은 자기가 보는 만큼의 범위를 세계의 범위로 인식한다. 그것은 마치 자신의 눈에 보이는 대로 땅과 하늘이 지평선에 맞닿아 있다고 착각하는 것과 같다.

39.
위대한 사람은 자신의 단점에 개의치 않는다

위대한 사람은 자신의 단점과 약점에 대해서는 거의 생각하지 않으며, 그것들이 드러나는 것에 대해서도 개의치 않는다. 그들은 자신의 단점과 약점이 불명예보다는 오히려 명예를 가져다주는 것으로 생각한다.

40.
상대의 장점과 단점을 함부로 판단하지 말라

인간의 단점은 장점과 관련되어 있으며,
마찬가지로 인간의 단점은 장점과 관련되어 있다.
처음 사람들을 사귈 때 상대의 단점을 장점으로
잘못 생각하거나 상대의 장점을 단점으로 잘못
생각함으로써 상대를 잘못 이해하는 것은
바로 그 때문이다.

41.
사람들 사이에는 적당한 간격이 필요하다

추운 겨울날 고슴도치들이 얼어 죽지 않기 위해 서로 바싹 달라붙어 한 덩어리가 되었다. 그러자 곧 그들의 가시가 서로를 찔렀다. 그리하여 그들은 서로 떨어졌다. 하지만 추위를 견딜 수 없어 다시 한 덩어리가 되었다. 가시가 서로를 찔러 다시 떨어졌다. 그러다 마침내 서로의 가시를 견딜 수 있는 적당한 거리를 발견하게 되었다. 인간에게 생기는 공허함과 외로움은 사회생활에 대한 욕망을 일으키고 우리를 한 덩어리가 되게 한다. 그러나 불쾌감과 반발심으로 서로 떨어진다. 그리하여 마침내 서로 견딜 수 있는 적당한 간격을 발견하게 되었다. 그것이 바로 예의이다. 서로 예의를 지키기 위해 적당한 간격을 유지해야 한다.

일상과 이상을 이어주는 책 **일상이상**

하루 한 장 내 삶에 새기는
쇼펜하우어

© 2024, 일상과이상

초판 1쇄 찍은날 2024년 7월 30일
초판 1쇄 펴낸날 2024년 8월 7일

펴낸이   김종필
펴낸곳   일상과 이상
출판등록 제300-2009-112호
주소   경기도 고양시 일산서구 후곡로 10 910-602
전화   070-7787-7931
팩스   031-911-7931
이메일   fkafka98@gmail.com

ISBN 978-89-98453-21-3 (03190)

· 책값은 표지 뒤쪽에 있습니다.
· 파본은 구입하신 서점에서 교환해 드립니다.